Pascale Héde

L'incroyable destin de Marie Curie qui découvrit la radioactivité

bayard jeunesse

L'incroyable destin de Marie Curie, qui découvrit la radioactivité
Texte : Pascale Hédelin
Illustrations : Capucine
Illustrations des pages documentaires : Nancy Peña
Merci à Jocelyn Bernaud, professeur de physique-chimie,
d'avoir relu cet ouvrage.

© Bayard Éditions, 2018
18, rue Barbès, 92120 Montrouge
ISBN : 979-10-363-0448-4
Dépôt légal : septembre 2018
Deuxième édition : septembre 2018
Quatrième tirage : septembre 2019

Tous droits réservés.
Reproduction, même partielle, interdite.
Loi no 49-956 du 16 juillet 1949 sur les publications destinées à la jeunesse.
Imprimé en France par Pollina s.a., 85400 Luçon - 91039.

CHAPITRE 1
UN GRAND RÊVE

En ce soir d'hiver 1875, il fait froid dans le petit appartement. Mais Marya ne s'en rend pas compte. Assise sur le canapé, qui lui sert de lit la nuit, la fillette est plongée dans ses devoirs. Les additions, les multiplications, la poésie à apprendre... ça y est, tout est bouclé ! Facile pour elle, c'est une élève brillante... sauf en couture, elle déteste ça !

Ses trois sœurs et son frère, eux, poursuivent leurs leçons. À huit ans, Marya est la petite dernière de la famille Skłodowski... et la plus vive.

N'ayant plus rien à faire, elle se met à tout observer autour d'elle. Et elle s'interroge :

— Mais pourquoi le bois brûle, dans le poêle ? Et pourquoi la vieille fourchette est rouillée ?

— Je ne saurais pas te l'expliquer, ma chérie, soupire sa mère, qui lit à la lueur de la lampe à pétrole. Ton père, lui, le saura sans doute...

Marya la trouve plus pâle que jamais. Et voilà que sa mère se met à tousser, encore et encore. C'est ainsi tous les jours.

« Saleté de maladie, je veux que maman guérisse vite ! », songe Marya très fort.

Puis elle poursuit ses questionnements :

— Et comment ça se fait que le sel disparaît dans l'eau ? Et pourquoi ça fait « pschitt » quand je verse du vinaigre sur une craie ?

Tout l'intéresse, elle veut comprendre !

— Tu nous embêtes, avec tes questions ! rouspète son frère Josef.

Ses sœurs, Zofia, Helena et Bronia, rient en chœur.

— Sacrée Marya, tu ne t'arrêtes jamais !

À cet instant, leur père déboule dans l'appartement. Il a la barbe en bataille, et d'étranges appareils de verre, de cuivre et de bois brillent dans ses mains.

— C'est quoi, dis, papa ? lui demande aussitôt Marya.

Władysław est professeur de physique dans un lycée de Varsovie, la capitale polonaise où vit toute la famille.

— Ce sont des instruments scientifiques, tu vois bien,

bougonne-t-il. Plus moyen de les garder en classe, ils me sont interdits par ces satanés Russes.

Voilà plus d'un siècle que l'Empire russe domine une grande partie de la Pologne et y impose ses lois.

— Ils servent à quoi ? insiste la fillette fascinée.

— L'appareil de Kipp produit des gaz à température ambiante, comme l'hydrogène, lui explique son père savamment. Et l'appareil de Haldat permet d'étudier la pression exercée par un liquide. Promis, je te montrerai

UN GRAND RÊVE

comment ça fonctionne. Tiens, en attendant, je t'offre cette éprouvette.

— Oh merci, papa ! Bronia, regarde ! Tu veux faire des expériences avec moi ?

Leur père sourit. Il est fier de l'intérêt que Marya porte à la science.

Les jours, les semaines, les mois s'écoulent. La vie n'est pas facile pour Marya et sa famille, entre la présence autoritaire des envahisseurs russes, le manque d'argent

(suite page 9)

LA SCIENCE AU XIXe SIÈCLE

La physique, c'est quoi ?

Cette science remonte à l'Antiquité. Les physiciens étudient les phénomènes naturels matériels (comme la chute d'un objet), cherchent à comprendre comment ils fonctionnent et à les reproduire. Parmi les différentes disciplines de la physique : la mécanique étudie le mouvement des objets, l'optique s'intéresse à la lumière et à ses propriétés, la physique nucléaire étudie les atomes, c'est-à-dire les constituants élémentaires de toutes substances.

Et la chimie ?

Elle examine le cœur de la matière et l'infiniment petit. Elle cherche à savoir de quoi sont constituées les matières vivantes (plantes…) ou non vivantes (roches…). Les chimistes étudient comment les minuscules éléments qui les composent s'assemblent, se transforment et réagissent entre eux. Par exemple, comment du bois brûlé devient du charbon.

Ce qu'on connaît au XIXe siècle

Ce siècle est riche en progrès techniques : téléphone, photo, cinéma, pile et ampoule électriques, locomotive à vapeur… Seringue et microscope existent déjà. On sait qu'une bonne hygiène évite d'attraper des maladies. On endort les patients sous anesthésie générale pour les opérer. On étudie la nature de près, des microbes aux dinosaures !

Ce qu'il reste à découvrir

Au XIXe siècle, les antibiotiques, ces médicaments qui détruisent les bactéries et sauveront des milliers de vies, ne sont pas encore découverts.
Le rayon laser, l'ordinateur, la télévision, le plastique, le four à micro-ondes, l'avion à moteur… ne sont pas encore inventés.
Le clonage et les OGM non plus !

La médecine au XIXe siècle

On comprend mieux comment les maladies se déclenchent et se propagent. Grâce à Louis Pasteur, on sait que certaines sont transmises par des microbes, tel celui de la tuberculose, une grave maladie des poumons. Pour en guérir, les malades font des cures au grand air. Le typhus, transmis par les puces et les poux, crée de terribles épidémies. Un vaccin sera mis au point en 1909.

dû au maigre salaire de son père et la maladie de sa mère...

Bientôt arrivent des heures encore plus sombres. En 1876, Zofia, la sœur aînée de Marya, meurt du typhus. Deux ans plus tard, Bronisława, la mère de la fillette, meurt de tuberculose. Marya est effondrée. Elle, si enjouée, perd sa joie de vivre. Elle enfouit son chagrin tout au fond de son cœur, comme une grosse boule noire, et met toute son énergie dans ses études, c'est la seule chose qui lui importe désormais. Elle lit beaucoup, travaille sans cesse. En classe, elle est première partout !

Souvent, le soir, recroquevillée dans son petit canapé, elle se dit que, si la médecine progressait, on pourrait vaincre des maladies mortelles comme celles qui ont emporté sa mère et sa sœur, et sauver des milliers de gens. Médecin : quel beau métier !

En 1883, Marya a 16 ans. Elle est devenue une jeune fille rebelle et déterminée, au regard triste. Elle a fini ses études au lycée avec une médaille d'or, une belle récompense. Et elle est plus que jamais passionnée de sciences...

Un matin, dans les rues de Varsovie, elle rencontre Irena, une amie.

— Que vas-tu faire, maintenant que tu as fini l'école ? lui demande Irena.

Marya lui confie alors le grand rêve qui l'habite :

— Je veux faire des études scientifiques à l'université pour devenir médecin ! Et j'aiderai tout le monde, les riches comme les pauvres.

Son amie ouvre de grands yeux :

— C'est impossible ! Tu sais bien que l'université de Varsovie est interdite aux femmes ! Les études supérieures, ce n'est pas pour nous, on doit s'occuper de la maison. Au fait, je vais bientôt me fiancer avec Jan ! Il veut qu'on ait cinq enfants !

— Eh bien, bon courage ! rétorque Marya agacée. Moi, en tout cas, je n'abandonne pas !

En effet, Marya se débrouille pour suivre en secret les cours de l'Université volante, une organisation clandestine qui enseigne gratuitement les sciences aux jeunes Polonais et Polonaises. En parallèle, elle donne des cours aux femmes du peuple : elle veut les instruire,

11

les sortir de l'ignorance dans laquelle on les enferme selon elle.

Elle est désormais très proche de sa sœur Bronia, qui veut également devenir médecin.

Et un beau jour, Marya a une idée folle et lumineuse pour leur permettre à toutes deux de réaliser leur rêve...

CHAPITRE 2
LIBRE À PARIS !

Ce jour d'automne 1891 est un grand jour pour Marya. À 24 ans, elle débarque en France, à Paris, ville des arts et des sciences. Elle a le cœur serré d'avoir quitté son pays, mais elle sourit jusqu'aux oreilles en descendant du train. Un vent de liberté souffle ici ! Des foules joyeuses ou affairées se pressent dans les belles avenues sillonnées d'omnibus tirés par des chevaux.

Partout des brasseries, des librairies… Ici, des artistes-peintres, et au loin là-bas la fameuse tour Eiffel !

En Pologne, Marya vient de passer de longues années à travailler comme institutrice particulière dans une riche famille. Avec son salaire, elle a pu payer à distance les études de médecine de sa sœur Bronia, partie la première à Paris. Maintenant Marya rejoint Bronia, mariée et devenue médecin, qui va l'aider à son tour : tel était leur accord.

Bientôt Marya entre à la prestigieuse université de la Sorbonne, qui accepte les femmes. Elle en rêvait depuis si longtemps ! Finalement, plutôt que la médecine, elle va y étudier les mathématiques et surtout la physique. Elle s'est découvert une passion pour cette science l'année dernière, alors qu'elle avait rejoint un laboratoire de physique clandestin à Varsovie.

Hélas ! bien vite, la jeune femme déchante. Elle a du mal à suivre les cours en français, bien qu'elle pratique cette langue. Lors du dernier cours de physique, elle a confondu le mot « densité » avec le mot « dentier » et a fait rire tout l'amphithéâtre ! De plus elle réalise qu'elle a beaucoup de retard sur les autres étudiants. « Puisque c'est comme ça, je vais travailler dur, très dur, pour rattraper le niveau », décide-t-elle.

Désormais, Marya – qui se fait appeler Marie – consacre tout son temps à ses études. Au programme : cours, expériences de chimie et physique, études en bibliothèques... Pas de sorties ni de petit ami. Peu lui importe d'être pauvre, de n'avoir ni eau, ni lumière, ni chauffage dans sa minuscule chambre de bonne, et de dîner d'une tartine beurrée ! Son angoisse : rater les examens...

Heureusement, Bronia et son mari, ainsi que des amis étudiants, viennent souvent à son aide.

Deux années passent. À force d'acharnement et de discipline, Marie obtient son diplôme, la licence de physique, et elle est première ! L'année suivante, elle obtient sa licence de mathématiques, et est deuxième. Elle rayonne de joie.

Au vu de ses résultats, la Pologne lui offre une bourse pour l'aider financièrement à poursuivre ses études en France. Quel soulagement !

En attendant, on lui confie des travaux de recherches sur la composition chimique et le magnétisme* de certains métaux. Dans un laboratoire où la jeune étudiante mène ces recherches, elle fait la connaissance du professeur Pierre Curie. Une rencontre qui

* *Magnétisme : étude des aimants et des champs magnétiques.*

(suite page 19)

LA FRANCE AU TOURNANT DU XXᵉ SIÈCLE

Paris à l'époque

À la fin du XIXᵉ siècle, Paris brille dans le monde ! De grands travaux l'ont transformée. Beaucoup d'étrangers, de paysans et d'artisans (souvent miséreux) viennent y chercher du travail. Paris abrite aussi beaucoup d'artistes : peintres, écrivains… En 1889, l'Exposition universelle y célèbre les sciences et la modernité. On y construit la tour Eiffel, plus haut monument de l'époque.

Les droits des femmes en France

Vers 1880, des féministes luttent pour que les femmes obtiennent plus de droits : divorce, nouveaux métiers (infirmières, puis avocates, professeurs…), éducation (ouverture des lycées aux filles). Une épouse pourra disposer librement de son salaire à partir de 1907. Les femmes n'obtiendront le droit de vote qu'en 1944 !

La Sorbonne

À l'époque de Marie Curie, la Sorbonne regroupe les universités des sciences et des lettres de Paris. L'enseignement y est de très haut niveau et elle est réputée dans toute l'Europe.
Le bâtiment comprend laboratoires, bureaux et amphithéâtres : de vastes salles rondes où les élèves sont assis sur des gradins face au professeur. La Sorbonne existe toujours de nos jours.

Les femmes scientifiques en Europe au XIXᵉ siècle

Jusqu'au début du XXᵉ siècle, la science est le domaine réservé des hommes. Mais des pionnières, souvent issues de familles bourgeoises où elles ont reçu des cours particuliers, parviennent à devenir médecins, mathématiciennes, physiciennes, chimistes, astronomes ou encore naturalistes. Certaines ont fait de grandes découvertes.

L'école et les études supérieures

En France, à partir de 1882, l'école est obligatoire jusqu'à 13 ans, gratuite et laïque (l'enseignement n'est pas lié à la religion). Filles et garçons sont séparés. Au programme : lecture, grammaire, histoire de France, géographie, calcul, sciences naturelles, morale… mais aussi exercices militaires pour les garçons et couture pour les filles.

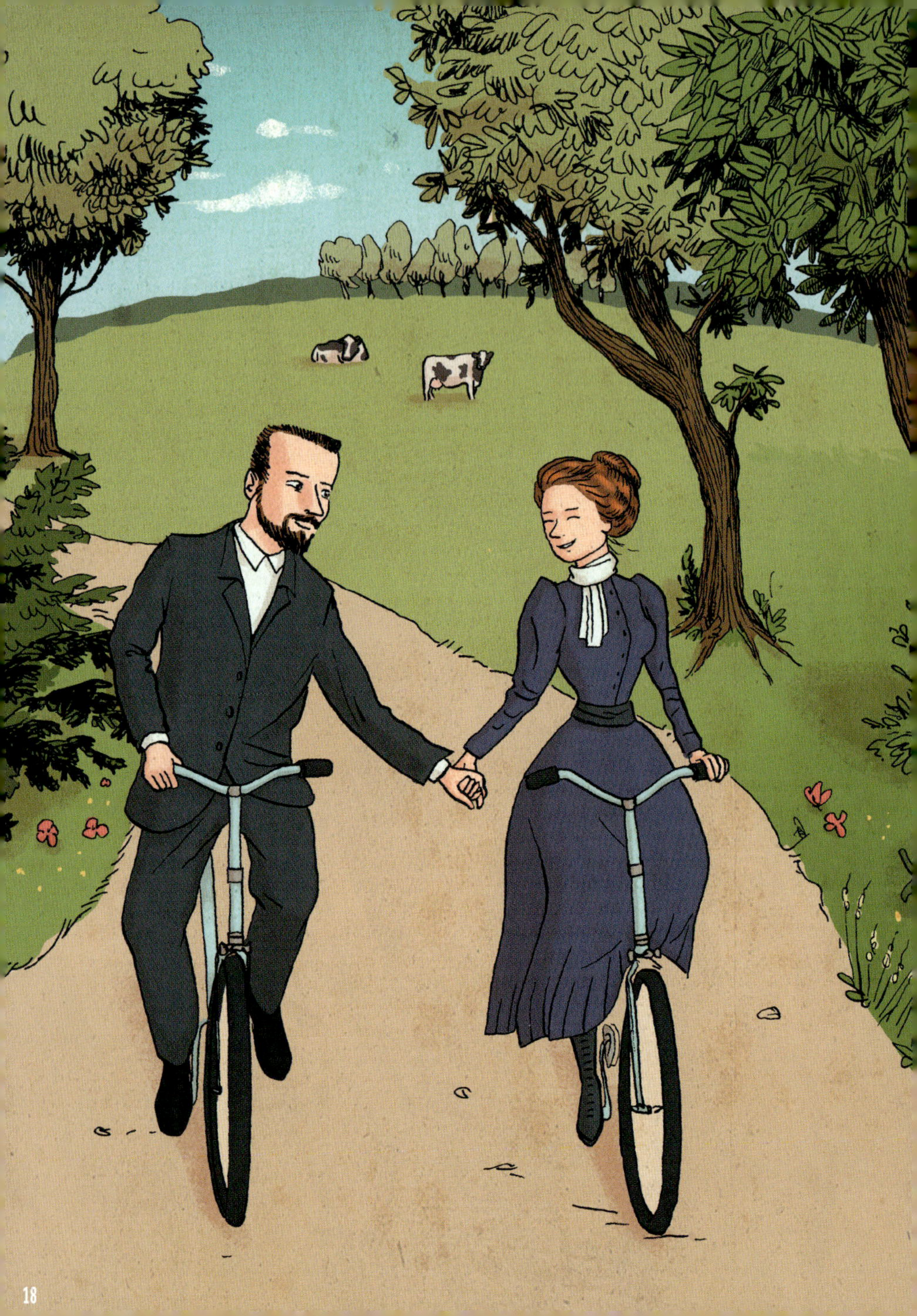

bouleverse sa vie ! Ce charmant physicien au regard droit, plus âgé qu'elle, ne vit que pour la science... et affole son cœur.

Pierre est fasciné par la beauté un peu étrange de cette femme si savante et par son intelligence, son courage. Bref, ils se ressemblent comme deux gouttes d'eau... et tombent amoureux. Au fil des jours, ils ne peuvent plus se passer l'un de l'autre.

— Accepterais-tu de m'épouser ? lui demande un beau jour Pierre.

Marie hésite :

— Je t'aime plus que tout, tu le sais ! Mais t'épouser, ça veut dire rester en France, et moi je veux rentrer un jour en Pologne et servir mon pays en tant que scientifique.

— Très bien, alors je te suivrai en Pologne... ou au bout du monde ! affirme Pierre.

Finalement, Marie décide de rester en France, où elle sera bien mieux pour poursuivre ses recherches. Elle épouse Pierre en 1895. Avec leur cadeau de mariage - deux engins tout nouveaux appelés bicyclettes -, ils se promènent gaiement dans la campagne.

— Quel délicieux bain de nature ! s'exclame la jeune mariée, devenue Marie Curie.

Le couple emménage à Paris. Avec humour, Marie prévient son époux :

— Ne compte pas sur moi pour faire le ménage ! Par contre je veux bien m'essayer à la cuisine, il doit y avoir des expériences intéressantes à faire !

— Ah ah ! Tu es tout sauf une épouse traditionnelle ! s'amuse son mari. À propos d'expériences, que penses-tu de ces deux découvertes : les rayons X et les rayons d'uranium* ?

— Passionnantes ! s'enthousiasme Marie. Justement, je veux en savoir plus à leur sujet.

Deux ans plus tard, la vie leur fait un beau cadeau : Marie a un bébé, Irène, une adorable petite fille. Mais pas question de sacrifier son travail, elle s'occupe du bébé tout en travaillant, ce qui n'est guère l'usage à l'époque.

— Drôle de mère ! commente une voisine.

— C'est une étrangère : elle est bizarre, chuchote une autre.

Rayons X et rayons d'uranium : voir page 26.

Mais Marie se moque bien des ragots !

Bientôt, elle se lance un nouveau défi : elle veut obtenir un grand diplôme, un doctorat ès sciences. Pour cela, elle doit choisir un sujet d'étude : tiens, ce sera ces fameux rayons d'uranium !

— Je veux percer leur mystère, confie-t-elle à Pierre les yeux brillants. Tu te rends compte ? Des rayons invisibles qui jaillissent tout seuls en permanence du cœur de la roche et sont capables de traverser tous les matériaux ! Une formidable source d'énergie !

— Excellente idée ! approuve-t-il.

CHAPITRE 3
UNE DÉCOUVERTE EXTRAORDINAIRE

Pour mener à bien ses expériences, Marie s'est installée dans un hangar désaffecté. Le lieu est glacial en hiver, torride en été, la pluie et le vent s'y engouffrent. Et il ne dispose d'aucune hotte pour évacuer les gaz toxiques pouvant se dégager lors des expériences.

Marie s'en préoccupe peu. Pendant des semaines, elle teste toutes sortes de roches pour savoir si elles contiennent de l'uranium. Son instrument préféré : l'électromètre, inventé par Pierre. Si un matériau émet des rayons d'uranium, cela fait circuler l'électricité dans l'appareil. Précis et efficace !

Un beau jour, surprise : Marie s'aperçoit que la pechblende, une roche sombre et lourde comportant de l'uranium, dégage des rayons ultrapuissants.

UNE DÉCOUVERTE EXTRAORDINAIRE

— Incroyable ! Comment une telle énergie est-elle possible ? se demande-t-elle fascinée. Voyons... il doit y avoir autre chose que de l'uranium là-dedans !

Elle veut comprendre, comme quand elle était petite !

Pierre, qui partage ce petit laboratoire avec elle, est très intrigué lui aussi. Il abandonne ses propres travaux et tous deux se lancent dans de longues analyses chimiques. Il s'agit de séparer les différents éléments qui constituent la pechblende, pour parvenir à isoler la minuscule matière qui émet ces rayons phénoménaux. Un travail minutieux et pénible !

(suite page 27)

DES RAYONS INVISIBLES

Les rayons X
Découverts par le physicien allemand Wilhelm Röntgen, ces rayons produits par un courant électrique traversent la matière. Leur image recueillie sur une plaque photographique montre l'intérieur du corps (os, poumons…), ainsi que le métal. Ces radiographies, très utilisées en médecine, aident à détecter des anomalies. Mais à fortes doses, les rayons X peuvent créer des cancers.

Les rayons d'uranium
En 1896, le français Henri Becquerel découvre que l'uranium noircit les plaques photographiques. Il comprend que cette roche émet des rayons invisibles et que ce rayonnement vient du cœur de l'atome d'uranium. À l'époque, le public et les scientifiques trouvent cette découverte moins spectaculaire que les rayons X.

La radioactivité
La radioactivité est un phénomène naturel qui se produit dans les noyaux de certains atomes. Ces noyaux se désintègrent et dégagent alors une grande énergie sous forme de rayons. La radioactivité peut aussi être créée de façon artificielle. Gare : ces rayonnements peuvent avoir de graves effets sur la santé.

Le radium et le polonium
Ces deux éléments microscopiques et radioactifs sont contenus dans la roche appelée pechblende. Découverts par Marie Curie, ils dégagent une énergie phénoménale !

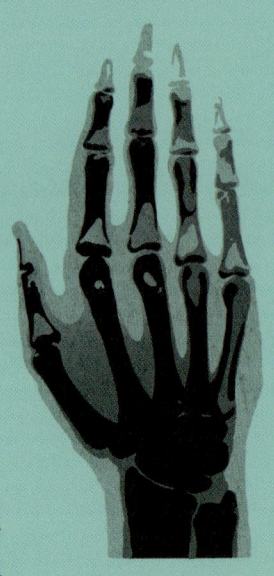

Deux thérapies
Parfois, certaines cellules du corps deviennent anormales, se multiplient et forment des tumeurs qui peuvent gagner tout le corps. Un cancer se développe. Pour lutter contre cette maladie mortelle, on place des éléments radioactifs dans le corps, sur la zone malade : c'est la curiethérapie.
La radiothérapie consiste à envoyer des radiations pour détruire les cellules malades sans toucher aux cellules saines.

Finalement, Pierre et Marie découvrent que la pechblende contient deux métaux inconnus, en quantité infime. Ils les appellent « polonium » (en hommage à la Pologne) et « radium ».

— Tu te rends compte ? s'exclame Pierre : ce radium produit un million de fois plus de radiations que l'uranium, c'est phénoménal !

Oui, Marie est bien consciente qu'ils viennent de faire une grande découverte ! Son cœur tambourine. Mais elle se contrôle. Elle décide de nommer ce phénomène « radioactivité ».

Selon elle, il provient de l'atome* lui-même, au cœur de la matière.

Cette expérience n'est pas suffisante. Maintenant, les Curie doivent apporter la preuve formelle de leur découverte au monde scientifique. Pour cela, ils doivent produire du polonium et surtout du radium à l'état pur. Le problème, c'est que, pour extraire un simple milligramme de radium, il faut… une tonne de pechblende ! De plus, cette roche est rare et coûte une fortune.

Atome : minuscule élément (nanoscopique) de la matière.
Un atome est constitué d'un noyau entouré d'électrons chargés d'électricité. Plusieurs atomes associés forment une molécule.

Par chance, ils parviennent à en obtenir plusieurs tonnes, venues des déchets d'une mine en Autriche, et pour trois fois rien !

Voilà le couple lancé dans un travail de titan, à mains nues et sans protection : transporter la roche, la broyer, la dissoudre dans des chaudrons à l'aide d'acides et divers produits chimiques, faire bouillir, faire fondre, remuer le tout pendant des heures, filtrer… pour séparer la matière radioactive du reste. Un vrai bouillon de sorcière, dégageant des fumées toxiques qui les font tousser !

— Les voisins doivent nous prendre pour des savants fous ! s'amuse Marie.

Souvent, elle songe à son père, si loin. Comme il serait fier de la voir ! Mais comme ce travail est long et dur ! Et ils sont si seuls, nul ne les aide, ils manquent de place, de matériel…

Au cours de leurs quatre années de travaux, tous deux se découragent parfois. Toutefois ils tiennent bon, ils sont passionnés, déterminés, se comprennent si bien et s'aiment tant !

Enfin, un soir de 1902, victoire ! ils réussissent à produire un tout petit décigramme* de radium pur. Tout petit mais doté de superpouvoirs ! Cette étrange substance bleuâtre et phosphorescente dégage une forte chaleur, traverse le métal, émet un gaz radioactif que Pierre et Marie nomment « radon ». Elle teint en bleu les bouteilles de verre qui la contiennent, imprime les plaques photographiques, ronge le papier... De plus, le radium rend radioactif tout ce qui est en contact avec lui et qui se met alors à émettre à son tour des rayons !

Un décigramme = 0,1 gramme. À savoir qu'une feuille de papier pèse 5 grammes.

Pierre et Marie Curie tremblent de joie et s'embrassent.

— Nous avons découvert une extraordinaire source d'énergie naturelle, qui ne s'éteint jamais ! Et bien plus puissante que l'uranium ! On n'a jamais vu ça ! s'enthousiasme Pierre.

— Oui, elle pourrait bien remplacer tout ce que nous utilisons pour produire de l'énergie : le gaz, le pétrole, le bois, le charbon, la vapeur... Elle pourrait permettre de s'éclairer, de se chauffer, de faire fonctionner des machines et pourquoi pas des moyens de transport ! ajoute Marie radieuse.

Une autre utilisation du radium va bientôt apparaître aux yeux des savants. Pierre a l'idée de tester sur lui-même la substance. Il en dépose un peu sur son bras, qui se retrouve brûlé. Mais la peau finit par se reconstituer et guérir parfaitement. Conclusion : si le radium peut détruire des cellules* saines, il pourrait aussi détruire des cellules malades et donc soigner certains cancers !

Cellule : élément microscopique qui constitue la base de tous les êtres vivants. Une cellule est composée de plusieurs molécules. Le corps humain possède des milliards de cellules. Elles vivent, se multiplient, meurent et se renouvellent.

CHAPITRE 4
GLOIRE ET CHAGRIN

Très vite, les journalistes affluent et la découverte de Pierre et Marie Curie fascine le monde. Les voilà célèbres. Des industriels se pressent auprès du couple de savants : ils veulent connaître leur technique pour extraire le radium. Pierre et Marie devraient la faire breveter*.

* Breveter : déposer un brevet, document officiel qui prouve qu'une personne a inventé un objet ou une technique.
Son invention ou sa découverte lui appartient pendant vingt ans et elle seule peut gagner de l'argent avec.

Cela les rendrait très riches, mais ils refusent.

— Pas question de nous enrichir, les découvertes scientifiques appartiennent à tous, et elles doivent servir au bien de l'humanité !

Leur entourage est stupéfait, d'autant que Pierre et Marie ne roulent pas sur l'or.

Ainsi, au cours des années suivantes, et jusque vers 1940, ce sera la folie du radium, que l'on croit capable de guérir mille maladies ! Tout le monde en voudra et l'on en mettra partout : médicaments, produits de beauté, vêtements, boissons, biscottes, chocolat…

Hélas, on ignore à l'époque que ce « produit miracle » est en fait très dangereux ! À forte dose, les particules radioactives attaquent la peau, les yeux, pénètrent dans le corps, détruisent ou transforment des cellules, endommagent des organes…

Pour gagner leur vie, Pierre et Marie deviennent professeurs. Mais les cours leur prennent beaucoup de temps et d'énergie, et ils ont du mal à poursuivre leurs recherches.

De plus, ils sont en mauvaise santé. Marie est maigre, épuisée, ses doigts sont rongés par les acides. Elle se soucie surtout pour Pierre, qui souffre de violentes douleurs dans les membres. « Et si cela était lié à la radioactivité ? », s'interroge-t-elle.

En effet, ces quatre années à manipuler le radium sans aucune protection les ont empoisonnés à petit feu.

Les mois défilent. En ce jour de juin 1903, Marie présente le résultat de ses recherches sur les éléments radioactifs à l'université de la Sorbonne. Son but : obtenir son précieux doctorat de physique. Un jury de

(suite page 35)

D'AUTRES SAVANTS DE L'ÉPOQUE

La seule femme !

Les congrès Solvay réunissent régulièrement de grands scientifiques qui partagent leurs connaissances, afin de faire progresser la science. En 1911, Marie Curie est la seule femme à participer au premier congrès Solvay, consacré à la physique. Paul Langevin et Albert Einstein y sont présents, entre autres.

Charles Darwin
(1809-1882)
Selon ce naturaliste, spécialiste des sciences naturelles, tous les êtres vivants ont un seul et même ancêtre et se sont modifiés au cours du temps pour mieux s'adapter à leur milieu. C'est la théorie de l'évolution. L'homme est donc le résultat d'une série d'évolutions… et est proche du singe. Scandale à l'époque !

Albert Einstein
(1879-1955)
Ce célèbre savant a prouvé que la lumière est constituée de mini-grains d'énergie. Sa théorie de la relativité a bouleversé la vision du monde : le poids, la dimension, la vitesse ou la durée de toute chose varient selon le lieu où l'on se trouve, par exemple dans l'espace ou sur Terre. Einstein a étudié la radioactivité et sa fameuse formule : $E = mc^2$ a permis de calculer la quantité phénoménale d'énergie dégagée par une masse minuscule.

Sigmund Freud
(1856-1939)
Le docteur Freud a mis au point la psychanalyse, une méthode d'analyse de l'esprit humain. En faisant parler ses patients, il leur a permis de libérer des peurs, des désirs secrets, et de se rappeler d'évènements passés qu'ils ont oubliés mais qui les font souffrir inconsciemment, souvent depuis l'enfance.

Irène (1897-1956) et Frédéric (1900-1958) Joliot-Curie
La fille de Marie Curie et son époux ont reçu en 1935 le prix Nobel de chimie pour leur découverte de la radioactivité artificielle. Elle consiste à transformer un élément stable en élément radioactif. Et ils ont découvert la fission nucléaire : en cassant le noyau d'un atome, une série de réactions en chaîne se produit, libérant de l'énergie nucléaire. C'est le principe utilisé de nos jours par les centrales nucléaires (voir page 41).

savants la crible de questions. Elle a le trac mais n'en laisse rien paraître.

Sa sœur Bronia est venue exprès de Pologne, où elle s'est installée comme médecin, pour assister à cet examen public. Les élèves de l'École normale supérieure de jeunes filles, où Marie enseigne, sont aussi là pour la soutenir. Elles admirent leur professeur, qui a lutté pour qu'elles aient accès à la science comme les garçons.

Résultat : Marie impressionne le jury et obtient son diplôme, si rare pour une femme ! Cette reconnaissance lui fait chaud au cœur.

Peu après, Pierre et Marie sont invités à Londres, en Grande-Bretagne. Ils doivent présenter leurs travaux à la Royal Institution, une célèbre société regroupant les grands savants britanniques de l'époque.

Mais seul Pierre y est autorisé à parler : les femmes n'en ont pas le droit !

Avant la conférence, Marie souffle à son époux :

— Tu devrais signaler à ces messieurs si sérieux et si instruits, que les femmes aussi ont un cerveau !

— Entendu, je m'en charge ! s'amuse Pierre. En attendant, tu veux bien m'aider à enfiler mon costume ? Je ne sais pas ce que j'ai, je n'ai plus de forces...

Marie est très inquiète : Pierre est de plus en plus faible. Et voilà qu'il renverse par maladresse quelques gouttes du précieux radium qu'ils ont apporté ! Cela ne lui ressemble pas.

À la fin de cette même année, c'est la consécration : Pierre et Marie Curie reçoivent le prestigieux prix Nobel* de physique, avec Henri Becquerel. Cela leur rapporte aussi une coquette somme d'argent bienvenue ! Malheureusement ils sont trop fatigués pour se rendre à la remise du prix.

Les récompenses se succèdent. Le couple est invité partout. Mais la gloire et les honneurs les empêchent de travailler et Pierre n'a toujours pas de laboratoire pour

---

* Prix Nobel : prix très important, créé par le savant Alfred Nobel. Il est décerné chaque année à une personnalité qui s'est distinguée dans un domaine contribuant à améliorer le sort de l'humanité (en physique, chimie, médecine, littérature ou pour la paix dans le monde).

ses recherches. Marie est exaspérée ! Un jour, lors d'une réception très chic au palais présidentiel de l'Élysée, elle rouspète :

— Peu m'importe de rencontrer le roi de Grèce ! Ce que nous voulons, c'est travailler dans de bonnes conditions !

En 1904, un nouveau bonheur pour le couple : Marie donne naissance à leur seconde fille, Ève.

Hélas, par un triste matin pluvieux de 1906, tout bascule. En traversant la rue, Pierre est violemment renversé par un fiacre. Il meurt, écrasé sous les roues et les sabots des chevaux. Marie est anéantie. Elle sombre, ne parle plus, se replie sur elle-même. Elle n'est plus rien sans Pierre et n'a plus le goût de vivre.

Elle accepte toutefois de devenir professeur de physique à la Sorbonne. Elle est la première femme à enseigner dans cette université. Les curieux se pressent pour voir comment cette savante célèbre, veuve, brisée par le chagrin, parvient à s'en sortir ! Marie, toute de noir vêtue, raide et froide, contient son émotion et s'en sort très bien.

Et puis, ses filles chéries ont besoin d'elle. Irène a neuf ans et Ève deux ans. Elles sont pleines de vie, Irène aime nager, faire du vélo… et s'intéresse beaucoup à la physique et la chimie !

Elle ne va pas à l'école : Marie n'apprécie pas le système scolaire et s'est groupée avec des amis. Ensemble, ils enseignent eux-mêmes à leurs enfants.

Au fil du temps, Marie trouve peu à peu la force de surmonter son immense chagrin et de poursuivre leurs travaux, seule. En 1911, elle reçoit le prix Nobel de chimie.

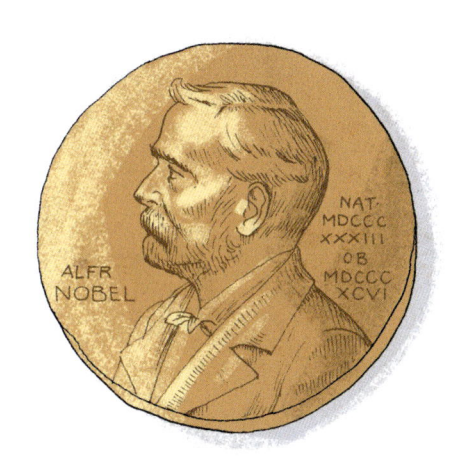

CHAPITRE 5
MARIE CURIE SUPERSTAR

Jamais Marie n'aurait cru pouvoir aimer un autre homme que Pierre ! Et pourtant... à quarante-quatre ans, elle est tombée amoureuse de Paul Langevin, un physicien. Elle admire son intelligence aiguë, sa générosité... Lui aussi l'aime.

Hélas ! Paul est marié, père de quatre enfants, et leur liaison clandestine fait scandale. Dans la presse, Marie est traînée dans la boue. « À bas l'étrangère, à bas la voleuse de mari ! », s'écrie-t-on. On manifeste, on jette des pierres contre sa maison, l'épouse de Langevin, déshonorée, menace de se suicider… On manque même de retirer à Marie – cette « femme sans morale » – son poste à la Sorbonne.

Très éprouvée, Marie fait une dépression* nerveuse, mais finit par se remettre. Elle quitte Paul à jamais.

En 1914, l'un de ses vœux les plus chers se réalise : l'Institut du radium, qu'elle doit diriger, ouvre. C'est un grand laboratoire de recherches en physique-chimie, axé sur le traitement des cancers par rayonnements.

Mais un terrible évènement chamboule tout : la Première Guerre mondiale éclate. Craignant que le radium, qui peut être très dangereux, tombe aux mains des Allemands, Marie emporte en secret le précieux gramme qu'elle possède et l'abrite dans un coffre-fort.

La guerre fait rage. Un jour, Marie découvre avec stupeur que les hôpitaux militaires français, près des

(suite page 43)

* *Dépression nerveuse : trouble profond de l'humeur, caractérisé par une grande tristesse, un désespoir, un repli sur soi et un manque de désir de vivre.*

LE NUCLÉAiRE AUJOURD'HUi

Les centrales nucléaires

Dans ces centrales, des noyaux atomiques d'uranium sont désintégrés (c'est la fission nucléaire). Ils dégagent une formidable énergie sous forme de chaleur, qui fait bouillir de l'eau. La vapeur libérée fait tourner une turbine qui produit de l'électricité. 11 % de l'électricité dans le monde est d'origine nucléaire. Mais cela comporte de grands dangers, en cas de fuite ou explosion de la centrale. Et l'on ne sait pas faire disparaître les déchets radioactifs.

Les bombes nucléaires

Dans les bombes nucléaires, on utilise la fission des atomes d'uranium (ou de plutonium) et des mélanges de gaz pour créer une série de réactions en chaîne. Elles provoquent des explosions ultra-puissantes et destructrices. En 1945, les États-Unis opposés au Japon ont bombardé les villes de Hiroshima et Nagasaki, causant des centaines de milliers de morts directes et indirectes (cancers).

Danger : radioactivité !

De nos jours, on connaît les risques liés aux rayons radioactifs et les moyens de s'en protéger. Ceux qui les manipulent (les radiologues, par exemple) s'en protègent derrière un écran de plomb ou de verre. Les travailleurs qui y sont exposés, en particulier dans les centrales nucléaires, portent des combinaisons étanches et limitent leur durée d'exposition. Il ne faut pas toucher directement des produits radioactifs ni manger à proximité !

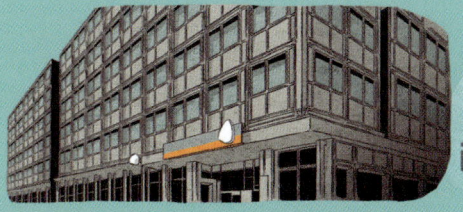

L'institut Curie

Cette fondation réputée, basée en région parisienne, est centrée sur l'étude et les soins des différents cancers. À l'aide de technologies de pointe, les équipes y font des recherches sur la formation des cancers et y appliquent des traitements, notamment nucléaires. Le but : faire progresser les connaissances sur cette maladie pour mieux prendre en charge les malades.

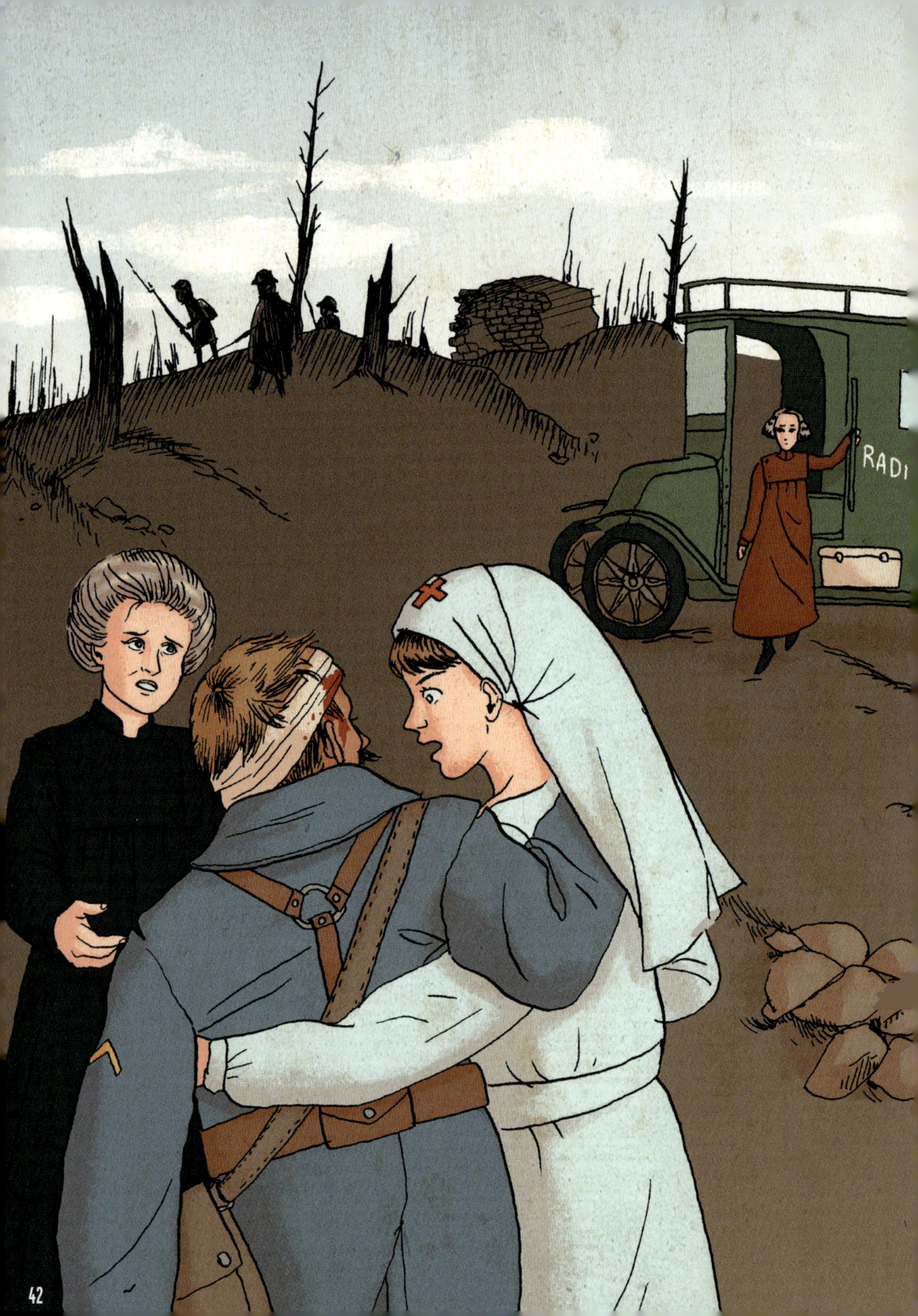
RADI

champs de bataille, ne sont pas équipés en radiologie.

— Incroyable ! s'indigne-t-elle. Ils n'ont pas de quoi pratiquer des rayons X* ! On y opère les blessés à l'aveuglette, sans savoir où se trouvent exactement les balles ou les éclats d'obus ! On ne peut pas laisser faire ça !

— Tu as raison, maman, approuve Irène. Toutes ces erreurs médicales et ces vies perdues alors qu'on pourrait les sauver !

Irène a maintenant dix-sept ans et, initiée par sa mère, a la même passion qu'elle pour les sciences… et la même volonté de fer. Ève, quant à elle, a dix ans, et préfère inventer des histoires et jouer du piano.

C'est décidé, Marie veut servir la France, son pays d'adoption qu'elle aime tant. Pleine d'énergie, elle met alors en place tout un réseau de voitures et camionnettes, les « petites Curie », qu'elle équipe d'appareils de radiologie. Et elle forme une centaine de femmes aux techniques de radiographie.

Au volant d'une camionnette, accompagnée d'Irène, Marie sillonne les routes du front – Amiens, Verdun… –

Rayons X : voir page 26.

et accède aux zones proches des combats, en principe autorisées aux seuls militaires. Avec ses équipes, surmontant la faim et le manque de sommeil, elle installe dans les hôpitaux militaires deux cents salles de radiologie, à l'aide du matériel transporté dans ces véhicules.

La vue des blessés en piteux état est dure à supporter pour Marie et sa fille. Que de massacres dans ces tranchées ! Mais leur initiative est une réussite.

— Formidable ! Ces précieux clichés radiologiques nous permettent d'opérer avec précision. Grâce à vous, madame Curie, des milliers de vie vont être sauvées ! lui confie un chirurgien militaire reconnaissant.

Marie sourit. Elle serre fort la main d'Irène dans la sienne.

Enfin, après quatre ans de terribles affrontements, la guerre se termine. En 1918, l'Armistice est signé. On défile et on danse dans les rues de France. Et suite aux accords de paix, la Pologne, libérée de l'emprise russe, retrouve enfin son indépendance. Quel soulagement pour Marie et ses frère et sœurs qui y vivent !

Trois ans plus tard, Marie est invitée aux États-Unis avec ses filles. Là-bas aussi elle est une star et un modèle pour beaucoup d'Américaines. Elle y est accueillie par des foules en délire ! Cent mille dollars ont été récoltés à travers le pays pour pouvoir lui offrir un gramme de radium, indispensable à la poursuite de ses travaux en

46

France. Le président américain le lui remet en personne.

Puis les voyages se poursuivent : Belgique, Espagne, Italie, Hollande, Brésil... Marie, exténuée, finit par interrompre sa tournée. Cependant, elle n'oublie pas son pays natal, la Pologne, auquel elle reste très attachée. Avec l'aide de sa sœur Bronia, et à nouveau des Américains, une forte somme d'argent est réunie pour fonder l'Institut du radium à Varsovie. Très émue, Marie s'y rend pour l'inaugurer en 1932.

Et puis, encore et toujours, elle poursuit ses travaux acharnés, dans son laboratoire de la Fondation Curie qui a remplacé l'Institut du radium. Désormais des chercheurs du monde entier y font des recherches sur d'autres éléments radioactifs. L'un d'eux, Frédéric Joliot, épouse sa fille Irène, devenue chimiste et physicienne à la grande joie de Marie. Ève, elle, a entamé une jolie carrière de pianiste.

« Si Pierre voyait tout cela, comme il serait heureux... », songe Marie avec émotion.

Hélas, elle est de plus en plus malade. Elle paie le prix

de trente-cinq ans intensifs à manipuler sans protection l'une des matières les plus radioactives au monde, à respirer des gaz toxiques, sans compter les rayons X auxquels elle a été exposée pendant la guerre. Elle est presque aveugle, tousse beaucoup, comme sa mère. Elle confie à Ève :

— Je ne supporte pas d'être diminuée ! Mais tu sais, je ne regrette rien, et je continuerai jusqu'au bout !

Le 4 juillet 1934, Marie Curie s'éteint à 67 ans seulement, victime d'une leucémie, un cancer du sang. Mais elle a accompli ce qu'elle voulait, œuvré pour l'humanité et ouvert la voie de la science et de l'indépendance à bien des femmes.